LUZ

SECRETOS DE LA CIENCIA

Jason Cooper
Versión en español de Aída E. Marcuse

The Rourke Corporation, Inc.
Vero Beach, Florida 32964

FOTOGRAFÍAS:
© Lynn M. Stone: tapa, página titular, páginas 4, 8, 12, 13, 18, 21;
cortesía de la NASA: páginas 7, 17; cortesía de Edison/Ford Winter
Estates: página 10; cortesía de Sharplan Lasers, Inc., página 15.

Library of Congress Cataloging in Publication Data
    [Luz. Expañol.]
    Cooper, Jason, 1942-
    Luz / por Jason Cooper. Versión en español de Aída E. Marcuse
        p.   cm. — (Secretos de la ciencia)
    Incluye índices.
    Resumen: Provee una sencilla explicación acerca de las fuentes y
distintos tipos de luz, los colores, y cómo ven los ojos.
    ISBN 0-86593-326-X
    1. Luz—Literatura juvenil. [1. Luz. 2. Materiales en idioma
español.] I. Título. II. Series: Cooper, Jason, 1942-   Secretos de
la ciencia. Español.
QC360C6618   1993
535—dc20   93-20616
                                               CIP
                                                AC

ÍNDICE

LUZ

En un claro y brillante día, es fácil ver los objetos que nos rodean. Podemos verlos gracias a la luz. Pero cuando ésta desaparece, quedamos en la **oscuridad.**

La luz es una clase de **energía** y procede de varios sitios. Fabricamos una parte de nuestra luz, pero la más importante proviene de la naturaleza— del sol—.

LA LUZ DEL SOL

Imagina que el sol es una distante y enorme pelota de energía que produce luz y calor. El calor del sol hace que su luz pueda viajar 93 millones de millas (153,450 millones de kilómetros) a través del espacio, hasta llegar a la tierra.

La luz del sol hace que sea "de día". Y también produce suficiente calor como para que podamos vivir en casi toda la tierra.Sin su luz, la tierra sería demasiado fría para los seres vivientes.

LA LUZ DEL SOL Y LOS GIRASOLES

La luz del sol calienta el aire y alumbra nuestro camino. Pero también es importante por otro motivo. La luz del sol es "alimento" para las plantas de hojas verdes. Ese tipo de plantas, como los girasoles, árboles, pasto y heno, necesitan la luz del sol para crecer. Y las plantas, como los animales que las comen, ¡son nuestro alimento! ¿Has comido una hamburguesa últimamente? Dale gracias al sol.

La luz del sol hace crecer las plantas

LA LUZ BAJO CONTROL

Todo el mundo quiere ver durante la noche y en los lugares oscuros. Los hombres primitivos hacían fogatas para iluminar sus cavernas y campamentos. Más tarde, la gente quemaba aceite y se alumbraba con lámparas de gas.

En 1882 Thomas Edison, un inventor, empezó un servicio de luz eléctrica para los pocos clientes que tenía en New York. Hoy en día, la luz eléctrica es usada en el mundo entero.

El inventor Thomas Edison

Una bombilla eléctrica moderna

Un faro de Oregón

LÁSERS

La luz **láser** está hecha con un rayo especial y muy poderoso. En él se concentran y actúan juntas pequeñas partículas de energía luminosa, llamadas **fotones.** (Los fotones también están en la luz ordinaria, pero no en la misma forma).

La luz láser tiene muchos usos. Un rayo láser puede cortar una naranja—o una pared de acero—.

Un rayo láser cortando una naranja

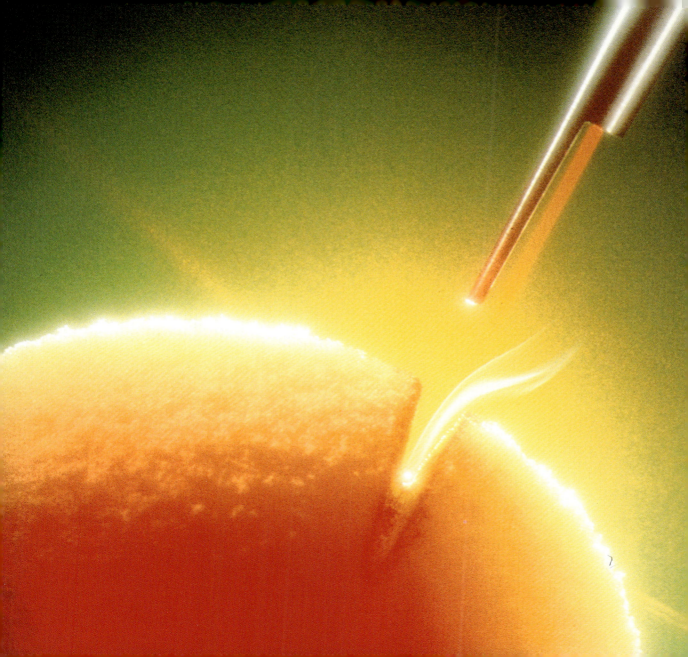

LA LUZ REBOTADA

El sol es una **fuente** de luz, un lugar en el que ésta se origina. Otras fuentes de luz son los relámpagos y las bombillas eléctricas.

La luna, en cambio, sólo brilla porque el sol la ilumina. La luz del sol choca contra la luna y rebota—es **reflejada**—hacia la tierra.

La mayoría de los objetos que nos rodean reflejan la luz, en vez de producirla.

La luna refleja la luz del sol hacia la tierra

LA LUZ Y LOS COLORES

A nuestros ojos, un rayo de luz parece ser blanco, o tal vez amarillo. Pero lo que nuestros ojos no logran distinguir, es que, en realidad, la luz del sol está hecha de una mezcla de colores.

Una flor roja absorbe todos los colores que le llegan en la luz del sol, menos el color rojo, que ella refleja.

Las hojas verdes absorben todos los colores, salvo el verde.

Una flor roja refleja el color rojo

CÓMO LOS OJOS PERCIBEN LA LUZ

La luz penetra en el ojo por un orificio llamado **pupila,** haciendo que otras partes del ojo reaccionen y envíen mensajes al cerebro. Entonces el cerebro hace "fotografías" de lo que ve el ojo.

Sin luz, una persona no podría ver nada. Ni siquiera el búho, que tiene excelente visión aún cuando sólo haya una luz tenue, puede ver en la completa oscuridad.

Los ojos envían al cerebro "mensajes luminosos"

CORRER CARRERAS CONTRA LA LUZ

Puedes bloquearle el camino a la luz. Y también puedes torcerla: el vidrio curvo, por ejemplo, tuerce la luz y hace ver las cosas distintas a lo que son en realidad (parecen ser más grandes y estar más cerca, o más pequeñas y estar más lejos). Pero tú nunca podrás correr más rápido que la luz.

¡La luz viaja a 186.282 millas (307.365 kilómetros) por segundo! No hay nada que se mueva más rápido que ella. La luz que refleja la luna tarda menos de un segundo en llegar a la tierra.

Glosario

energía (e-ner-gía) — habilidad o poder para hacer algo

fotón (fo-tón) — una pequeña partícula de energía luminosa, invisible; un haz de energía luminosa liberada por otras partículas llamadas átomos

fuente (fuen-te) — lugar del que llega algo

láser (lá-ser) — una forma de luz poderosa, muy especial, utilizada en medicina, comunicaciones y otros campos

oscuridad (os-cu-ri-dad) — sin luz

pupila (pu-pi-la) — parte del ojo que permite que la luz entre en ella

reflejar (re-fle-jar) — rebotar, devolverse, como cuando la luz del sol se refleja—o rebota—desde la luna

ÍNDICE ALFABÉTICO